BEI GRIN MACHT SICH IHR WISSEN BEZAHLT

- Wir veröffentlichen Ihre Hausarbeit, Bachelor- und Masterarbeit

- Ihr eigenes eBook und Buch - weltweit in allen wichtigen Shops

- Verdienen Sie an jedem Verkauf

Jetzt bei www.GRIN.com hochladen und kostenlos publizieren

Bibliografische Information der Deutschen Nationalbibliothek:

Die Deutsche Bibliothek verzeichnet diese Publikation in der Deutschen Nationalbibliografie; detaillierte bibliografische Daten sind im Internet über http://dnb.d-nb.de/ abrufbar.

Dieses Werk sowie alle darin enthaltenen einzelnen Beiträge und Abbildungen sind urheberrechtlich geschützt. Jede Verwertung, die nicht ausdrücklich vom Urheberrechtsschutz zugelassen ist, bedarf der vorherigen Zustimmung des Verlages. Das gilt insbesondere für Vervielfältigungen, Bearbeitungen, Übersetzungen, Mikroverfilmungen, Auswertungen durch Datenbanken und für die Einspeicherung und Verarbeitung in elektronische Systeme. Alle Rechte, auch die des auszugsweisen Nachdrucks, der fotomechanischen Wiedergabe (einschließlich Mikrokopie) sowie der Auswertung durch Datenbanken oder ähnliche Einrichtungen, vorbehalten.

Impressum:

Copyright © 2017 GRIN Verlag, Open Publishing GmbH
Druck und Bindung: Books on Demand GmbH, Norderstedt Germany
ISBN: 9783668595293

Dieses Buch bei GRIN:

https://www.grin.com/document/383692

Anja Sebastian

Praktikum am Sozialgericht mit Fallbeispielen

GRIN Verlag

GRIN - Your knowledge has value

Der GRIN Verlag publiziert seit 1998 wissenschaftliche Arbeiten von Studenten, Hochschullehrern und anderen Akademikern als eBook und gedrucktes Buch. Die Verlagswebsite www.grin.com ist die ideale Plattform zur Veröffentlichung von Hausarbeiten, Abschlussarbeiten, wissenschaftlichen Aufsätzen, Dissertationen und Fachbüchern.

Besuchen Sie uns im Internet:

http://www.grin.com/

http://www.facebook.com/grincom

http://www.twitter.com/grin_com

Gliederung

1. Wahl des Praktikumsplatzes 1

2. Allgemeines zum Sozialgericht und Zuständigkeiten. 1

3. Organisation des Sozialgerichtes / Geschäftsverteilungsplan. 2

4. Klageverfahren 2
4.1. Anforderungen 2
4.2. Klage 3
4.3. Amtsermittlungsgrundsatz 3
4.4. Kosten und Urteile 4

5. Mündliche Verhandlungen. 4

6. Rechtsschutz in dringenden Fällen. 5

7. Einzelfall - Beschreibungen. 6
7.1. Fallbeispiel 1: Klage aus dem Bereich der Rentenversicherung. 6
7.2. Fallbeispiel 2: Klage aus dem Bereich der gesetzlichen Unfallversicherung. 7
7.3. Fallbeispiel 3: Klage aus dem Bereich des Krankenversicherungsrechtes 9

8. Fazit 11

1. Wahl des Praktikumsplatzes.

Die Wahl des Praktikumsplatzes war in gewissem Maße eingeschränkt durch die Tatsache, dass das Praktikum sowohl zeitlich als auch örtlich mit meiner beruflichen Tätigkeit als Ärztin zu vereinbaren sein musste. Darüber hinaus war mir wichtig das ein gewisser Bezug zu medizinischen Sachgebieten gegeben vorhanden ist, um auch dem interdisziplinären Kontext des Studiums gerecht zu werden. Daher fiel letztendlich meine Wahl auf ein Praktikum am Sozialgericht.

Die wesentlichen Inhalte des Praktikums waren im Allgemeinen: mir einen groben Einblick in das Geschehen am Sozialgericht zu verschaffen, mit Schwerpunkt in den Bereichen der gesetzlichen Renten-, Unfall- und Krankenversicherung, und zwar sowohl in Hinblick auf den Ablauf der Verfahren als auch die richterliche Arbeitsweise.

2. Allgemeines zum Sozialgericht und Zuständigkeiten.

Sozialgerichte sind verantwortlich für Entscheidungen in der ersten Instanz der deutschen Sozialgerichtsbarkeit; im Einzelnen sind das:

- Angelegenheiten der Grundsicherung für Arbeitsuchende (ALG II),
- Div. Bereiche der Sozialversicherung (Renten-, Kranken-, Unfall- und Pflegeversicherung; auch der privaten Pflegeversicherung und der Arbeitsförderung einschließlich Aufgaben der Bundesagentur für Arbeit,
- Angelegenheiten des sozialen Entschädigungsrechts,
- seit dem 1. Januar 2005 auch Angelegenheiten der Sozialhilfe und des Asylbewerberleistungsrechts,
- Feststellung von Behinderungen und Streitigkeiten zum Schwerbehindertenrecht sowie zum Erziehungsgeld.

Nicht zuständig sind Sozialgerichte für die Jugendhilfe, Wohngeld und BAföG, diese Streitigkeiten werden von den Verwaltungsgerichten entschieden.[1]

Wichtig zu erwähnen ist auch, dass die Arbeitsbelastung aller Sozialgerichte durch die Einführung des Arbeitslosengeldes II zum 1. Januar 2005 erheblich angestiegen ist.[2]

Die örtliche Zuständigkeit orientiert sich nach dem Wohnsitz bzw. dem Aufenthalts- oder Beschäftigungsort des Klägers. Wenn eine Körperschaft oder Anstalt des öffentlichen Rechts oder ein Unternehmen der privaten Pflegeversicherung klagt, oder ein Kläger seinen Wohnsitz im Ausland und keinen Beschäftigungsort im Inland hat (z.B. bei Rentnern), ist dagegen der Sitz der Beklagten Institution entscheidend.[3]

---

[1] https://sg-hal.sachsen-anhalt.de/sozialgericht-Xxx/
[2] http://www.thueringen.de/th4/tmmjv/behoerdenundeinrichtungen/gerichte/sozialgerichtsbarkeit/
[3] §57 SGG

Das Sozialgericht Xxx ist zuständig für die kreisfreien Städte und Landkreise: Xxxlandkreis, Xxx (Xxx), Xxxxx und Xxxkreis[4].

Das Gericht besteht dabei aus ca. 30 Kammern (Spruchkörpern). Eingerichtet sind die einzelnen Kammern mit einem Berufsrichter (Volljurist), als Vorsitzendem, und zwei ehrenamtlichen Richtern (Nicht-Juristen), die bei Urteilen in mündlichen Verhandlungen mit entscheidungsberechtigt sind. Der vorsitzende Berufsrichter kann einfach gelagerte Fälle im schriftlichen Verfahren durch Gerichtsbescheid allein entscheiden.

3. Organisation des Sozialgerichtes / Geschäftsverteilungsplan.

Die Verantwortlichkeit der Kammern für die verschiedenen Gebiete richtet sich nach einem Geschäftsverteilungsplan. Dieser wird vom Präsidium des Gerichtes für jeweils 1 Jahr im Voraus beschlossen und regelt die Besetzung der Kammern sowie deren Vertretung bei Abwesenheit. Dadurch wird schon bei Eingang einer Sache/Klage geregelt, welche Kammer/welcher Richter für diese zuständig ist.[5]

Zur Verteilung der einzelnen, eingehenden Sachen auf die vorhandenen Kammern gibt es unterschiedliche Verfahren, z.B. können die eingehenden Fälle einem bestimmten Spruchkörper zugewiesen werden nach Sachgebieten, nach örtlichen Gesichtspunkten (z.B. Wohnort des Beklagten oder Klägers) oder der Reihe nach, z.B. jeder Spruchkörper bekommt im Turnus eine bestimmte Anzahl Verfahren.

Der Geschäftsverteilungsplan kann im Gericht von jedem eingesehen werden, nach §21e Abs. 9 GVG, bedarf somit der Veröffentlichung. Der aktuelle Geschäftsverteilungsplan vom Sozialgericht Xxx ist auf dessen Website einzusehen.[6]

Zweck des Geschäftsverteilungsplanes ist der Schutz des Bürgers vor Manipulation und Aufrechterhaltung der Unabhängigkeit der Gerichte, vor allem gegenüber der Exekutive und der Justizverwaltung[7].

4. Klageverfahren

4.1. Anforderungen

Die Anforderungen zur Erhebung einer Klage am Sozialgericht sind im Allgemeinen gering. Jeder Bürger, der sich durch eine Entscheidung eines Sozialleistungsträgers in seinen Rechten verletzt sieht, kann eine Klage einreichen.

---

[4] https://justiz.sachsen-anhalt.de/gericht/sozialgerichtsbarkeit/#c30578
[5] Wolfgang Grunsky: Zivilprozessrecht 12., neu bearbeitete Auflage 2006, Luchterhand Verlag. Rn. 19.
[6] https://lsg.sachsen-anhalt.de/Bibliothek/Politik_und_Verwaltung/MJ/MJ/lsg/sghalgv.pdf
[7] Wolfgang Grunsky: Zivilprozessrecht 12., neu bearbeitete Auflage 2006, Luchterhand Verlag. Rn. 19.

Voraussetzung ist dazu allerdings ein Vorverfahren, wo zunächst ein Widerspruch bei der zuständigen Behörde eingelegt werden muss. Nach diesem ist die Behörde zur nochmaligen Prüfung des Bescheides verpflichtet. Wird dieser weiterhin für richtig erachtet, wird die Behörde das Verwaltungsverfahren abschließen und einen Widerspruchsbescheid erteilen. Im Widerspruchsbescheid wird auch auf die Möglichkeit der Klage am zuständigen Sozialgericht hingewiesen.[8]

4.2. Klage

Der Inhalt der Klage umfasst: den Kläger, die beklagte Behörde und den Gegenstand des Klagebegehrens. Trotz der geringen Anforderungen sollte in der Klage sollte immer genau angegeben werden, was von welcher Behörde gefordert wird, und auch eine Begründung warum eine Entscheidung falsch sein soll. Dies erleichtert und beschleunigt die Arbeit des Gerichtes.

Eine Klage kann schriftlich eingereicht werden, oder auch mündlich bei der Rechtsantragstelle eines Sozialgerichts vorgetragen werden (wird dann dort zu Protokoll genommen). Für eine Rechtsberatung ist die Rechtsantragstelle aber nicht zuständig.[9]

Zu beachten ist, dass Klagen mit einer Frist von einem Monat nach Bekanntgabe eines Widerspruchsbescheides zu erheben sind.[10].

4.3. Amtsermittlungsgrundsatz

Am Sozialgericht gilt der Amtsermittlungsgrundsatz, dieser besagt, dass das Gericht verpflichtet ist, die Hintergründe, die einer Entscheidung zugrunde liegen, von Amts wegen, d. h. ohne Antrag untersucht werden.[11] Hierzu zählt auch das Einholen von Gutachten von unabhängigen Ärzten oder dem behandelnden Arzt.

Begründet wird der Amtsermittlungsgrundsatz mit dem besonderen öffentlichen Interesse an der vollständigen und formal richtigen Erfassung des zu beurteilenden Sachverhalts und der zu treffenden Sachentscheidung.[12] Trotz des Amtsermittlungsgrundsatz ist das Gericht für den Ablauf des Verfahrens auf die Mithilfe und Mitarbeit der Kläger angewiesen; das umfasst z.B. das Entbinden der Schweigepflicht der behandelnden Ärzte.

---

[8] §83 ff SGG
[9] https://sg-hal.sachsen-anhalt.de/themen/sozialgerichtliches-verfahren
[10] https://sg-hal.sachsen-anhalt.de/themen/sozialgerichtliches-verfahren
[11] https://www.haufe.de/oeffentlicher-dienst/tvoed-office-professional/sauer-sgbii-40-anwendung-von-verfahrensvorschriften-212-amtsermittlungsgrundsatz_idesk_PI13994_HI2675161.html
[12] https://www.haufe.de/oeffentlicher-dienst/tvoed-office-professional/sauer-sgbii-40-anwendung-von-verfahrensvorschriften-212-amtsermittlungsgrundsatz_idesk_PI13994_HI2675161.html

4.4. Kosten und Urteile

Ist ein Sozialgericht der Auffassung, dass in einem Rechtsstreit eine Entscheidung getroffen werden soll, wird i. d. R ein Termin für eine mündliche Verhandlung angesetzt. Zu dieser werden die beteiligten Parteien eingeladen. In eindeutigen Fällen kann eine Entscheidung auch ohne Gerichtsverhandlung getroffen werden. Sollte eine beklagte Behörde zwischenzeitlich ein schriftliches Anerkenntnis unterbreiten oder einen Vergleichsvorschlag akzeptiert, ist der Prozess ohne die Notwendigkeit einer Anhörung abgeschlossen.[13].

Das Verfahren ist für Versicherte, Sozialleistungsempfänger sowie für behinderte Menschen gerichtskostenfrei, §183SGG.

Die meisten Leistungsurteile, d.h. die Urteile, die die Behörden zur Leistung verpflichten, werden nur dem Grunde nach gefällt, §130 Abs.1 S. 1 SGG. Dies bedeutet, dass die Höhe der Leistung i. d. R. nicht vom Gericht errechnet/festgelegt wird, sondern von dem jeweils zuständigen Leistungsträger.

Das Urteil wird meist unmittelbar in der Sitzung verkündet bzw. im direkten Anschluss. An den Sozialgerichten besteht keine Pflicht sich durch einen Anwalt vertreten zu lassen. Dennoch kann die Vertretung durch einen Rechtsanwalt im Umgang mit den Behörden oder dem Gericht sehr hilfreich sein und zur Verkürzung des Verfahrens führen.[14] Man kann sich aber von einem Rechtsschutzsekretär, einem Verbandsvertreter oder auch von einem volljährigen Familienangehörigen vertreten lassen.[15]

Sollte man die Kosten für einen Anwalt oder Vertreter nicht selbst tragen können, gibt es die Möglichkeit beim Gericht einen Antrag auf Prozesskostenhilfe zu stellen. Ob ein Anspruch besteht, hängt von der Höhe der Einkünfte und des Vermögens ab. Prozesskostenhilfe wird aber trotz Bedürftigkeit aber nicht bewilligt, wenn die Klage keine hinreichende Aussicht auf Erfolg hat.[16]

5. Mündliche Verhandlungen.

Neben der Aktenarbeit, der einzelnen Richter finden regelmäßige mündliche Verhandlungen statt. Da ein Teil dieser Verhandlungen öffentlich ist, konnte ich an diesen als Zuhörer teilnehmen.

In den mündlichen Verhandlungen wirken neben einem Berufsrichter auch zwei ehren-

---

[13] https://sg-hal.sachsen-anhalt.de/themen/sozialgerichtliches-verfahren
[14] http://www.mv-justiz.de/pages/sozialgerichte/ablauf_soz_ger.htm
[15] https://sg-hal.sachsen-anhalt.de/themen/sozialgerichtliches-verfahren
[16] https://sg-hal.sachsen-anhalt.de/service/prozesskostenhilfe/

amtliche Richter mit.[17] Die ehrenamtlichen Richter der Sozialgerichtsbarkeit werden nicht gewählt, sondern berufen. Die Regelungen zur Berufung finden sich in den §§ 13, 14, 16 und 17 SGG. Ehrenamtliche Richter besitzen gleiches Stimmrecht wie die Berufsrichter, sie sind unabhängig und keinen Weisungen unterworfen und haben die Funktion sachkundiger Beisitzer. Durch Auswahlverfahren wird gewährleistet, dass auf Grund der Zugehörigkeit zu bestimmten Berufs- oder Personengruppen die entsprechende Sachkenntnis vorliegt, z.b. werden die ehrenamtlichen Richter bei Angelegenheiten der Sozialversicherung aus dem Kreis der Arbeitnehmer und Arbeitgeber berufen.[18] Voraussetzung für die Berufung ist die Vollendung des 25. Lebensjahres. Die Wahl erfolgt für fünf jeweils Jahre, anschließend kann die Amtsperiode verlängert werden.[19]

6. Rechtsschutz in dringenden Fällen

In Fällen in denen eine sehr belastende Entscheidung durchgeführt werden soll, wie z.B. die Kürzung sämtlicher sozialer Leistungen, oder falls eine Sache besonders dringlich ist, wie z.B. die Kostenübernahme der Behandlung einer bedrohlichen Erkrankung durch eine Krankenkasse, kann beim Sozialgericht vorläufiger Rechtsschutz beantragt werden. Daraufhin wird nach einer abgekürzten Überprüfung eine vorläufige Entscheidung ohne mündliche Verhandlung per Beschluss getroffen. Im Eigeninteresse sollte der Antragsteller hier den Sachverhalt und die Begründung, insbes. die Wichtigkeit, ausführlich darlegen.

---

[17] https://sg-hal.sachsen-anhalt.de/service/ehrenamtliche-richter/
[18] http://www.schoeffen.de/ehrenamtlicher-richter-werden.html
[19] https://sg-md.sachsen-anhalt.de/service/ehrenamtliche-richter/

7. Einzelfall - Beschreibungen.

7.1. Fallbeispiel 1: Klage aus dem Bereich der Rentenversicherung.

Frau S., geboren 1966, beantragte 2013 erstmalig eine Erwerbsunfähigkeitsrente. Von der behandelnden Hausärztin und Befundberichten verschiedener Fachärzte wurde über multiple Vorerkrankungen mit subjektiv ausgeprägten Beschwerdebild berichtet, welche in Summe dazu führen, dass Frau S. nicht mehr dazu in der Lage sei einer geregelten täglichen Arbeit von 3 Stunden nachzugehen.

Die Arztberichte umfassten u.a. Befunde zu: einem Diabetes mellitus Typ 2, 2013 noch ohne relevante Folgeerkrankungen, eine nicht näher differenzierte (nicht-infektiöse) chronisch entzündliche Darmerkrankung (CED), muskuloskelettale Beschwerden (Schmerzen im Lendenwirbel- und Iliosakralbereich) ohne neurologische Ausfälle und arthrotische Beschwerden beider Kniegelenke. Dazu kamen noch, teils widersprüchliche Angaben, zu psychischen Beschwerden im Sinne von depressiven Episoden und Symptomen einer Belastungsstörung.

Zum Zeitpunkt der Antragstellung war Frau S. längere Zeit krankgeschrieben, zuvor als Reinigungsfachkraft tätig, Mutter von 5 Kindern, wobei nur der Jüngste (2013, 11 Jahre alt) bei ihr lebt.

Von Seiten der Rentenversicherung wurden die Funktionseinschränkungen von Frau S. nicht als ausreichend angesehen wurden um die Erwerbsunfähigkeitsrente, weder als teilweise noch voll, zu gewähren.

Im Verlauf des Klageverfahrens wurde ein internistisches Gutachten angefertigt, welches als Hauptaugenmerk den Diabetes mellitus Typ 2 (DM II) und die chronisch entzündliche Darmerkrankung (CED) hatte. Als Resultat bescheinigte der begutachtende Arzt, dass allein aus diesen Erkrankungen so gravierende Funktionseinschränkungen vorlägen, dass eine tägliche Arbeit von mind. 3 Stunden nicht möglich sei. Auf die Beschwerden aus dem orthopädischen und psychiatrischen Bereich wurde nicht näher eingegangen.

Nachfolgend ergab eine Stellungnahme des sozialmedizinischen Dienstes, basierend auf den gleichen Untersuchungsbefunden, ein gegenteiliges Ergebnis. Hier wurde angegeben, dass die objektiven Funktionseinschränkungen bei weitem nicht ausreichen um eine volle, oder auch nur teilweise, Erwerbsminderung zu rechtfertigen.

Eine zwischenzeitlich bewilligte Reha-Maßnahme wurde von Frau S. nicht angetreten. Eine schrittweise berufliche Wiedereingliederung, nach langer Krankschreibung, wurde wohl 2013 ebenfalls begonnen, aber ohne Angabe von Gründen von Frau S. abgebrochen.

Im Verlauf des Klageverfahrens verschlechterte sich der Gesundheitszustand von Frau

S. so gravierend das es im Februar 2015 auf Grund der CED zu einem Darmverschluss kam, der operativ mit einem künstlichen Darmausgang behandelt wurde. Auch aus den fortlaufendenden Befundberichten der betreuenden Haus- und Fachärzte war eine kontinuierliche Verschlechterung der diabetes-assoziierten Erkrankungen, mit Durchblutungsstörungen von Niere und Herz, und daraus resultierenden Funktionseinschränkungen erkennbar.

Im Verlauf der mündlichen Verhandlung, wobei der Anwalt und eine Vertreterin der Rentenversicherung anwesend waren, die Klägerin selbst nicht, kam es schließlich zu einem Vergleich zwischen beiden Parteien. Dieser gestaltete sich so, dass Frau S. die volle EU-Rente zugestanden wurde und zwar ab dem Zeitpunkt der Anlage des künstlichen Darmausganges im Februar 2015. An Begründung dafür wurde angebracht, dass sich zu diesem Zeitpunkt, ca. 2 Jahre nach dem Erst-Gutachten, der gesundheitliche Zustand so stark verschlechtert hatte, dass weder eine Rückkehr in den ursprünglichen Beruf noch eine Reha-Maßnahme erfolgversprechend gewesen wäre.

Aus meiner Sichtweise, ist in diesem und ähnlich gelagerten Fällen beeindrucken zu sehen wie stark abhängig die Juristen, von der Einschätzung des Gutachtens sind, wobei hier erschwerend hinzu kommt das es zwei entgegengesetzte Einschätzungen, basierend auf den gleichen objektiven Befunden gab. Im Gespräch mit dem zuständigen Richter über diesen Fall, waren vor der plötzlichen Gesundheitsverschlechterung ausreichend Gründe sowohl für als auch gegen eine Bewilligung der Rente vorhanden. In der Erfahrung des Richters mit ähnlich gelagerten Fällen, wäre es jedoch im Falle einer Ablehnung mit großer Wahrscheinlichkeit zur erneuten Klage seitens Frau S. gekommen.

Etwas unbefriedigend im initialen Verlauf war das internistische Gutachten und auch die Stellungnahme des sozialmedizinischen Dienstes, insbesondere die stark einseitige Betrachtungsweise eines hier sehr komplexen Beschwerdebildes und Krankheitsverlaufes. Für sich genommen sind beide Bewertungen logisch und auch für den medizinischen leinen sehr gut nachvollziehbar. Es bleiben aber einzelne Aspekte unbeachtet, beispielsweise wird nicht klar welche Rolle die psychische Komponente im Verlauf der Krankheitsgeschichte spielt.

7.2. Fallbeispiel 2: Klage aus dem Bereich der gesetzlichen Unfallversicherung.

In diesem Fall ging es um Anerkennung von Folgeschäden aus einem Arbeitsunfall nach einer Verletzung des rechten Kniegelenkes im Jahr 1996.

Aus der Vorgeschichte war bekannt, dass der betroffene Kläger (Herr A., geboren

1958) im Jahr 1996 im Rahmen seiner beruflichen Tätigkeit als Handwerker einen Unfall erlitt. Hierbei wurde das rechte Kniegelenk verletzt. In der nachfolgend durchgeführten ärztlichen Behandlung wurde unter anderem eine Verletzung des vorderen Kreuzbandes (VKB) festgestellt.

Teil der Hauptproblematik dieses Falles sind die Tatsachen, dass der Unfall länger zurückliegt und die damaligen ärztlichen Berichte nur noch unvollständig vorliegen. Das einzig verwertbare Dokument war ein OP-Bericht des Jahres 1996 mit Erwähnung der besagten VKB Verletzung. Weiterhin wurde in diesem Bericht aufgeführt, dass das VKB auf Grund der Verletzung entfernt werden musste. Erschwerend kommt weiterhin dazu, dass der damalige Unfall nie offiziell als Arbeitsunfall dokumentiert und anerkannt wurde.

Aktuell klagt Herr A. auf Anerkennung von Folgeschäden des Unfalls nach dem die aktuellen Befunde von der zuständigen Berufsgenossenschaft nicht als solche gewertet wurden.

Aus aktuellen Berichten zeigt sich ein Beginn erneuter Beschwerden im gleichen Kniegelenk ca. 2012, im Sinne von Schmerzen und Bewegungseinschränkungen. Zu diesem Zeitpunkt begab sich Herr A. in erneute ärztliche Behandlung. Zwischenzeitlichen gab es keine dokumentierten Beschwerden oder Therapien des Kniegelenks.

Im Rahmen eines Gutachtens wurden diagnostische Maßnahmen durchgeführt, welche neben Funktionsbeurteilungen auch bildgebende Verfahren mit Röntgen und Magnetresonanztomographie (MRT) beinhalteten. Das Ergebnis dieses Gutachtens zeigte im MRT ein intaktes VKB sowie in Summe, gering bis mittelgradige degenerative Veränderung der Knorpeldecke.

In der mündlichen Verhandlung mit Erörterung der Befunde und des Verlaufs wurde die Klage abgewiesen.

Zentraler Punkt dieses Falles ist die Kausalitätsproblematik, d.h. der nachweisliche oder wahrscheinliche Zusammenhang zwischen Unfall und Gesundheitsschaden. Hier besteht nach Aussage des Gutachtens keine Kausalität zwischen den angeblichen Unfallfolgen und der aktuellen Symptomatik, welche sich auch mit alterstypischen degenerativen Veränderungen erklären lassen.

Für die Prüfung der Kausalitätsfrage im sozialen Entschädigungsrecht und in der gesetzlichen Unfallversicherung ist eine möglichst genaue Kenntnis der objektivierbaren Befunde und Funktionseinschränkungen notwendig. Mit Beziehung zur Biomechanik und im Zusammenhang mit dem Unfallmechanismus. Nur bei subtiler Aufarbeitung aller beurteilungsrelevanten Fakten ist die Kausalitätsproblematik rechtlich einwandfrei zu lösen.

7.3. Fallbeispiel 3: Klage aus dem Bereich des Krankenversicherungsrechtes

Beschreibung eines Klageverfahrens gegen die Krankenkasse auf Kostenerstattung für eine stationär durchgeführte Liposuktion im Rahmen der Behandlung eines Lipödems.

Definition: Das Lipödem ist eine chronische Erkrankung, gekennzeichnet durch Fettverteilungsstörungen mit deutlicher Disproportion zwischen Stamm und Extremitäten, zusätzlich bestehen Fettgewebs-Ödeme und eine Neigung zu Blutergüssen nach Bagatelltraumen, charakteristisch ist außerdem eine verstärkte Druckschmerzhaftigkeit der betroffenen Bereiche.[20]

Die 1986 geborene Frau P. leidet seit mehreren Jahren unter schmerzhaften Schwellungen beider Beine. Nachdem im Jahr 2008 die Diagnose eins Lipödems gestellt wurde, erfolge in den nachfolgenden Jahren eine kontinuierliche konservative Therapie. Hier zeigte aber weder die verordneten Kompressionsstrümpfe noch die regelmäßig durchgeführte Lymphdrainage eine dauerhafte Beschwerdelinderung.
Im Jahr 2012 beantragte Frau P. bei ihrer Krankenkasse die Kostenübernahme für eine Liposuktion der Beine. Bei der Liposuktion handelt es sich um eine operative Behandlungsmethode zur Entfernung des krankheitstypisch vermehrten Unterhautfettvolumens, wobei vor allem eine Verminderung bzw. Beseitigung der Beschwerden erzielt werden soll.[21] Die Kostenübernahme wurde mit der Begründung abgelehnt, dass konservative Behandlungsmethoden zum einen ausreichend sind und zum anderen auch dem allgemein anerkannten Stand der medizinischen Erkenntnisse entsprechen um den Behandlungserfolg zu sichern.
Auf Grund des zunehmenden Leidensdrucks, entschloss sich Frau P. die Liposuktion auf eigene Kosten durchführen zu lassen, dies geschah 2013. Nach der Operation gab Frau P. an, vollständig beschwerdefrei zu sein und keinerlei konservative Therapie mehr zu benötigen. Sie beantragte im Verlauf eine Kostenerstattung für die erfolgte Liposuktion bei ihrer Krankenkasse, welche weiterhin abgelehnt wurde. Zur Begründung der Ablehnung, gab die Krankenkasse erneut an, dass keine medizinische Indikation für die erbrachte Leistung besteht.
In den Befunden des behandelnden Arztes sowie auch einer gutachterlichen Stellungnahme. wurde präoperativ ein typisches Lymphödem im Stadium I bestätigt und postoperativ ein deutlich gebessertes Beschwerdebild.

---

[20] http://www.awmf.org/uploads/tx_szleitlinien/037-012l_S1_Lipoedem_2016-01.pdf
[21] http://www.awmf.org/uploads/tx_szleitlinien/037-012l_S1_Lipoedem_2016-01.pdf

Nach der mündlichen Verhandlung, wo neben einer Vertreterin der Krankenkasse und dem Anwalt von Frau P., auch Frau P. selbst anwesend war, wurde die Klage auf Kostenerstattung abgelehnt.

Als Grund der Ablehnung wurde angegeben, dass die Liposuktion als Behandlungsmethode nicht im Leistungskatalog der Krankenkasse enthalten ist. Erschwerend kam noch hinzu das die Erkrankung im Gutachten als Stadium I angegeben war, folglich noch nicht soweit fortgeschritten, dass Fehlstellung der Beine oder Bewegungseinschränkungen vorlagen, weswegen im Grunde nicht von einem besonders schweren Leidendruck ausgehen sein kann und ein kosmetisches Problem vorlag.

Hintergrundinformationen:
Die Liposuktion stellt ein neues Behandlungsverfahren nach § 135 SGB V dar, das bisher vom Gemeinsamen Bundesausschuss (GBA) nicht bewertet worden ist. Gemäß der aktuellen sozialrechtlichen Situation besteht ein Leistungsanspruch auf neue Methoden erst dann, wenn der GBA eine Anerkennung einer Methode ausgesprochen hat. Der Nutzen muss dazu anhand einer ausreichenden Studienlage mit entsprechende Fallzahl und einwandfrei geführten Statistiken belegt wurden sein. [22]

Ergänzende Betrachtung:
Ob Kosten für eine Liposuktion von Krankenkassen zu übernehmen sind, war mehrfach Gegenstand sozialrechtlicher Rechtsprechung, da gesetzliche Krankenkassen dies in aller Regel ablehnen. Dabei wird die Kostenübernahme, wie auch in diesem Fall, mit der Begründung abgelehnt, dass konservative Behandlungsmethoden zu ausreichenden Erfolgen führen. Dagegen steht allerdings die S1 Leitlinie zur Behandlung des Lipödems von 2015 der deutschen Gesellschaft für Phlebologie, in welcher dargelegt wird, dass eine Liposuktion unter bestimmten Voraussetzungen (u.a. das Versagen der konservativen Therapie) indiziert ist, wobei kein Evidenzgrad angegeben ist, sondern nur verwiesen wird auf einzelne Studien.

Bei der Kosten-Ablehnung wird i.d.R. darauf Bezug genommen, dass der G-BA (gemeinsame Bundesausschuss) die Behandlungsmethode bislang nicht in den Leistungskatalog aufgenommen hat und damit keine Kostenübernahme möglich ist. Die meisten Sozialgerichte argumentieren damit, dass es sich bei der Liposuktion um eine neue Behandlungsmethode handelt, die zulasten der Krankenkassen nur erbracht werden darf, wenn der G-BA in den Richtlinien entsprechende Empfehlungen über die Anerkennung des diagnostischen und therapeutischen Nutzens der neuen Methode

---

[22] Felix, D. MedR (2011) 29: 67.

abgegeben hat.[23] Auch wird häufig angemerkt, dass wissenschaftliche Studien mit ausreichenden Fallzahlen über die Wirksamkeit der Methode fehlen würden. Hier fehlt es an einer ausreichenden Studienlage um die Liposuktion als Therapieoption zu empfehlen.

Eine, wenn auch unbefriedigende, Möglichkeit von Seiten der Sozialgerichte ist es die entsprechenden Klageverfahren ruhend zu stellen, bis mit einer Entscheidung des G-BA zu rechnen ist, da dieser oft sehr lange braucht um neue Therapien in den Behandlungskatalog aufzunehmen. Nachteil ist jedoch, dass die Krankheit nicht selten fortschreitend und sich die Leiden der Betroffenen im Verlauf intensivieren.

8. Fazit

Insgesamt war die 4-wöchige Praktikumszeit ein sehr interessanter, wenn auch in großen Teilen sicher nur oberflächlicher Einblick in die Arbeit am Sozialgericht. Die Betreuung war sehr gut und ich hatte die Möglichkeit viele Fragen zu stellen. Das man lediglich in der Rolle des Beobachters bleibt stört nicht weiter, da es immer Gelegenheiten gab offene Fragen ausführlich zu besprechen und zu diskutieren.

Ein großer Teil der Fälle war sehr komplex, da neben den juristischen Grundlagen auch umfangreiche medizinische und psychologische Gutachten vorlagen. Hierbei besonders interessant war, die juristische Sichtweise zu medizinischen Gutachten. Hier muss der jeweilige Fall unter Beachtung aller Gegebenheiten möglichst vollständig ausgearbeitet werden. Die medizinischen Befunde und die daraus gezogenen Folgerungen müssen unter Berücksichtigung der für das Gutachten wichtigen Fragestellungen klar formuliert werden. Sehr wichtig dabei sind auch für Nichtmediziner verständliche Aussagen. Somit konnte ich noch Anregungen und hilfreiche praktische Hinweise für meine weitere ärztliche Tätigkeit mitnehmen.

---

[23] *LSG Rheinland-Pfalz, Urteil vom 05.02.2015 – Az. L 5 KR 228/13*

BEI GRIN MACHT SICH IHR WISSEN BEZAHLT

- Wir veröffentlichen Ihre Hausarbeit, Bachelor- und Masterarbeit

- Ihr eigenes eBook und Buch - weltweit in allen wichtigen Shops

- Verdienen Sie an jedem Verkauf

Jetzt bei www.GRIN.com hochladen und kostenlos publizieren